Dieses Buch gehört:

....

Impressum
© Edition Bücherbär im Arena Verlag, Würzburg
Genehmigte Lizenzausgabe für VGV Kinderland GmbH

Printed in Italy

Ulrike Kaup

Bilderbuchgeschichten mit Laura und Leon

mit Bildern von
Magdalene Hanke-Basfeld

Inhalt

Laura und Leon
gehen in den Kindergarten

Endlich ist es so weit! Laura und Leon dürfen zum ersten Mal in den Kindergarten. Und weil das ein ganz besonderer Tag ist, gehen beide Mamas mit. Lauras Mama und Leons Mama. Auf dem Weg treffen sie andere Kinder, die auch Kindergartentaschen umgehängt haben.

Laura findet ihre am schönsten. Ein Herz aus weichem, rotem Leder. Viel zu schade für ein einfaches Käsebrot. Deshalb hat Mama noch einen Schokoriegel dazugelegt und den kleinen Pu-Bär.

„Na, wo wollt ihr denn so früh hin?“, fragt da plötzlich jemand hinter ihnen. Die alte Frau Bernkötter! Und ihr Dackel Erwin.
„Wir gehen zum Kindergarten“, antwortet Leon stolz.
„Zum Kindergarten!“, sagt Frau Bernkötter. „Da habt ihr doch hoffentlich eine Regenjacke und einen Regenhut dabei!“ Und als alle erstaunt gucken, sagt sie: „Ja, wisst ihr denn nicht, dass die Kindergärtnerinnen die Kinder jeden Tag gießen, damit sie besser wachsen und schöne Blüten kriegen?“
„Frau Bernkötter macht mal wieder Quatsch!“, sagt Leons Mama.

„Der Kindergarten sieht schön bunt aus“, sagt Laura. An einem Fenster kleben lauter kleine Bären, die sich an den Händen halten, und auf dem anderen spucken fliegende Drachen viele kleine Feuerwölkchen in den Himmel.

Beim Hineingehen hält Leon Mamas Hand ganz fest. Auf einmal hat er so ein komisches Gefühl im Bauch und Wackelbeine. Da kommt schon eine Erzieherin. Sie heißt Britta und guckt lieb. „Das ist ja schön, dass wir zwei neue Bären in der Bärengruppe haben!“, sagt sie. „Zieht eure Hausschuhe an und sucht euch einen Haken aus! Für die Jacken.“

Zu jedem Haken gehört ein lustiges Bild. Leon findet den Elefanten mit dem Luftballon am schönsten. Laura den Clown mit den Segelohren.

„So“, sagt Britta, „jetzt müssen die Mamas nach Hause gehen!“
Und als sie sieht, dass Leon Mamas Hand gar nicht loslassen will, legt sie ihren Arm um Leon und sagt: „Schau mal, Leon, die Großen würden auf unseren kleinen Stühlen bestimmt umkippen.“
Dann führt sie ihn zu den Toiletten. „Glaubst du, dass da ein Mama-Popo draufpassen würde?“
Da muss Leon lachen und das komische Gefühl ist schon fast verschwunden. Und Mama auch.

Die Kinder in der Bärengruppe freuen sich über die neuen Spielgefährten. „Kennst du Memory?“, fragt ein Junge Leon. „Ja“, antwortet Leon und setzt sich an den Spieletisch. „Das haben wir zu Hause auch.“

„Wir bauen gerade das Schloss von Dornröschen“, erklärt ein Mädchen Laura. „Der Turm ist schon fast fertig.“
So viele Holzbausteine wie auf dem Bauteppich hat Laura noch nie auf einem Haufen gesehen.
„Das reicht ja für das ganze Märchenland!“, sagt sie. Sie hat große Lust mitzubauen.

Doch gerade, als sie sich auch auf den Bauteppich hocken will, kommt ein Mädchen angerannt. „Weg da! Das ist mein Platz“, kreischt das Mädchen und schubst Laura zur Seite. Laura verliert das Gleichgewicht und stürzt. Dabei reißt sie den schönen Turm um. Krachend fallen die Bausteine übereinander.

„Die hat alles kaputtgemacht!“, schluchzt das Mädchen, das Laura geschubst hat. Aber Britta schimpft nicht mit Laura, sondern mit dem Mädchen. Es muss sich bei Laura entschuldigen, denn Schubsen ist verboten!

Jetzt erst merkt Laura, dass ihre Hand ein bisschen blutet.
Britta sieht sich Lauras Hand genau an. „Zum Glück ist das nur eine kleine Schürfwunde“, sagt sie. „Da kleben wir einfach ein Pflaster drauf und dann ist morgen alles wieder gut.“
Sie holt einen Verbandskasten aus dem Schrank.
„Schau mal, was da alles drin ist!“, sagt sie zu Laura. „Eine Schere, Mullbinden, Wundsalbe, und das sind unsere Dino-Pflaster.“
Laura darf sich eins aussuchen und schon klebt ein kleiner, grüner Triceratops auf ihrer Hand.

„Zeit zum Frühstücken!“, ruft jemand aus der Küche. Da ist ja noch eine Erzieherin! Sie heißt Anne. Wer Hunger hat, setzt sich nun mit seinem Butterbrot in die Küche. Anne hat roten Früchtetee gekocht.

Wer keinen Hunger hat, darf malen oder in der Kuschelecke eine Kassette hören. So wie Leon und Jan. Sie sitzen in einem Riesenschaukelstuhl und machen es sich gemütlich.

„Dürfen wir gleich raus?“, fragt Laura.

„Wenn ihr euch die Zähne geputzt habt und alles schön aufräumt, dann ja“, sagt Anne. Laura und Leon staunen. Im Waschraum stehen zwei blaue Zahnbecher mit ihren Namen und Zahnbürsten.

„Ein Geschenk vom Kindergarten“, sagt Anne.

LAURA
LEON
MERLE

Draußen gibt es einen richtigen Spielplatz. Mit einer Ritterburg aus Holz, mit einer Hängebrücke und mit einer Rutsche.
Die Kinder aus der Drachengruppe spielen auch mit.

Ein Mädchen trägt einen Kranz aus roten Bändern.
„Bist du eine Ritterin?“, fragt Leon.
„Nein“, sagt das Mädchen, „ich habe heute Geburtstag. Und wer Geburtstag hat, kriegt einen Kranz und eine kleine Überraschung.“

Jan fährt mit einem Roller auf dem Hof herum.
„Darf ich auch mal?“, fragt Laura.
„Da im Schuppen sind ganz viele“, sagt Jan. „Hol dir einen!“
Und dann fahren sie so lange im Kreis um die
alte Kastanie, bis ihnen schwindelig wird.

Britta zeigt Leon den Kindergarten-Teich. „Wohnen da auch Wassergeister?“, fragt Leon. „Und Meerjungfrauen?“ „Vielleicht“, sagt Britta. „Aber ganz sicher gibt es hier einen dicken grünen Frosch und kleine Schildkröten.“

Hinter der großen Hecke tauchen die ersten Papa- und Mama-Köpfe auf.
Zeit für das Abschiedslied. Kinder und Erzieherinnen stellen sich in einem großen Kreis auf. Alle fassen sich an den Händen und singen das Lied vom kleinen Bären, der einen Freund sucht.

„Wenn ihr wollt, könnt ihr heute Nachmittag wiederkommen“, sagt Anne. „Dann backen wir einen Schokoladenkuchen für Jans Geburtstag. Und denkt morgen an die Turnbeutel!“

Beim Nachhausegehen kommt ihnen Frau Bernkötter entgegen.
„Nanu!“, sagt sie. „Haben die euch nicht eingepflanzt im Kindergarten?“
„Das heißt doch nur so!“, antwortet Laura.
„Aber einen Teich gibt es“, erzählt Leon. „Mit einem Frosch!“
„Wenn das mal kein verzauberter Prinz ist …“, sagt Frau Bernkötter geheimnisvoll.
„Genau wie Ihr Dackel Erwin!“, sagt Lauras Mama und lacht noch darüber, als Frau Bernkötter und Erwin schon hinter der nächsten Straßenecke verschwunden sind.

Laura und Leon gehen einkaufen

LAURA

Mama und Laura basteln Einladungen. Es sind ja nur noch zwei kleine Wochen, bis Laura ihren sechsten Geburtstag hat.
Gestern haben Laura und Papa schon mal eine Kiste Kirschsaft mitgebracht, als sie im Supermarkt einkaufen waren.
„Und morgen fahren wir mit dem Bus in die Stadt“, sagt Mama, „da suchen wir in Ruhe ein paar Kleinigkeiten aus, die wir an deine Gäste verschenken können.“
„Oder die wir als Gewinne nehmen“, sagt Laura und freut sich schon jetzt auf die schönen Spiele mit Jannis und Maria, mit Roberta und Leon.

Am nächsten Tag gehen Mama und Laura gleich nach dem Mittagessen zur Bushaltestelle. Der Bus ist gar nicht voll. Da kann Laura am Fenster sitzen. Kurz bevor sie am Bahnhof ankommen, entdeckt Laura ein neu eröffnetes Geschäft. In einem der Schaufenster stehen Vogelkäfige und Kratzbäume für Katzen.
„Zoohandlung Hansen“, liest Mama laut vor.
Da will Laura unbedingt hingehen und die Tiere angucken.
„Na gut!“, sagt Mama. „Wir brauchen für Peterle sowieso noch Hirse.“

ZOOH
NG
ANS

Kaum sind Mama und Laura in der Zoohandlung, da hören sie schon das Gekrächze und Gezwitscher der Wellensittiche. „Können wir nicht für Peterle eine Freundin kaufen?“, fragt Laura. „Kommt gar nicht infrage“, sagt Mama. „Es reicht doch wirklich, dass mir ein Vogel auf dem Kopf herumspaziert!“

„Hallo Laura!“, ruft da plötzlich jemand. Es ist Leon.
Seine Mama hat nur Augen für einen schokoladenbraunen Hasen mit Schlappohren.
„Ist der nicht süß?“, sagt sie.
„Ich möchte aber lieber eine Strumpfbandnatter“, sagt Leon.
„Oder einen Hund, der im Winter meinen Schlitten zieht.“
Lauras Mama steht inzwischen vor den Regalen mit dem Vogelfutter. Sie hat eine Riesentüte Hirse unter dem Arm.
„Bei der großen Packung sparen wir fast einen Euro“, sagt sie.
„Da kann ich ja noch ein paar Kräcker aussuchen!“, sagt Laura.
„Die mit Honig mag Peterle am liebsten.“

„Der Kinderladen *Jo-Jo* baut demnächst um“, sagt Leons Mama, als sie wieder draußen stehen. „Ab heute ist Räumungsverkauf. Die haben sogar die neue Herbst- und Winterware runtergesetzt.“

Laura und Leon gehen gern zu *Jo-Jo*. Da gibt es eine Ecke extra für Kinder mit Spielzeug und mit einem kleinen Fernseher, der Trickfilme zeigt. Aber diesmal lässt Mama Laura kaum in Ruhe. Andauernd schleppt sie dicke Jacken an, die Laura anprobieren soll. Und Leon muss die Hirse halten.
Mama findet einen roten Anorak am schönsten. Er hat schwarzes Kuschelfutter und eine gefütterte Kapuze.
Zum Glück gefällt der Anorak Laura auch. Endlich kann sie sich zu Leon setzen. Und die Mamas müssen warten, bis der kleine Film zu Ende ist.

„Ich muss mal“, sagt Leon, als sie wieder
in der Fußgängerzone sind.
„Ich auch“, sagt Laura.
„Und ich auch“, sagt Leons Mama.
„Das lohnt sich ja!“, sagt Lauras Mama und lacht.
„Im Kaufhof gibt es eine Toilette.“
Mit der Rolltreppe fahren sie bis in die zweite Etage.

Auf dem Rückweg kommen sie an einem Tisch mit Hüten vorbei. Lauras Mama will unbedingt welche aufsetzen. „Probier mal den“, sagt Leons Mama und hält ihr einen Oma-Hut hin. Dann einen Riesenhut mit Feder, einen mit Schleier und einen, der wie ein großer Eierwärmer aussieht.
Ein Glück, dass Laura und Leon gerade auf der Toilette waren.
Sonst hätten sie sich vor Lachen in die Hose gemacht.

„Kommt ihr mit in die Buchhandlung?“, fragt Leons Mama
„Ich muss noch ein Buch abholen.“
„Dann kann ich Leon die Pferdebücher zeigen“, sagt Laura.
Und los geht`s.
Unterwegs kommen sie an einem Obststand vorbei.
„Wartet mal eben“, sagt Lauras Mama.
„Die Weintrauben lachen mich so an.“
„Was ist das da?“, fragt Leon und zeigt
auf eine exotische Frucht.

„Das ist eine Sternfrucht“, sagt der Obsthändler.
„Und die kleinen Igel da?“, fragt Laura.
„Das sind Lychees aus Japan.“
Dann schält der Obsthändler eine, schneidet sie vorsichtig in der Mitte durch, löst den Kern heraus und gibt Laura und Leon jeweils eine Hälfte zum Probieren.
„Ihr habt`s gut“, sagt Leons Mama.
Da schenkt ihr der Obstverkäufer auch eine Lychee.

In der Buchhandlung steht ein Karussell für die kleinen Kinder und es gibt ein Lesezelt mit einer Kiste Bücher für die größeren Kinder.

Laura und Leon gehören zu den größeren Kindern, aber manchmal ist es auch schön, zu den kleinen Kindern zu gehören.

Laura zeigt Leon ihr Lieblingsbuch. Es handelt von einem Pferd, das alt und klapprig ist und deshalb verkauft werden soll. Laura erzählt Leon die ganze Geschichte und zeigt ihm die Bilder.

Das Buch gefällt Leon so gut, dass er es sich zum Geburtstag wünschen will.

99 cent
99 cent
200ASA
400ASA

Neben der Buchhandlung ist ein Fotogeschäft.
„Wo wir gerade hier sind, kann ich eben die Bilder abholen von Oma Hannas Geburtstag“, sagt Lauras Mama.
Die Bilder sind schön geworden. Lauras Mama will für Oma ein paar Abzüge machen lassen.
„Diese Woche gibt es Riesenposter für 99 Cent“, sagt die Verkäuferin. „Und eine Kaffeetasse mit Ihrem Lieblingsfoto kostet nur 7 Euro. Das ist doch mal eine tolle Idee!“
„Wir können doch Papa eine Tasse schenken“, sagt Laura, „mit Peterle drauf.“
„Lieber nicht“, sagt Mama, „nachher fängt Papa noch zu zwitschern an.“
Da muss die Verkäuferin lachen.

Die Fotos muss Laura tragen. Mama hat schon alle Hände voll.
Mit Hirse, mit Lauras neuem Anorak und mit Weintrauben.
Leons Mama schaut auf ihre Uhr. „Schon fast vier“, sagt sie.
„wie wär`s mit einer Tasse Kaffee und einer Kugel Eis?“
Laura und Leon laufen schon mal vor. Aber sie kommen nicht weit.

Wer kann schon an einem Clown vorbeigehen, der Luftballons verteilt? Der Clown ist vom Zirkus und die Luftballons sind bunt. Mit einer Luftpumpe bläst er die Luftballons so dick auf, dass man lesen kann, was darauf geschrieben steht: „Zirkus Antoniou!“

Im Cafe *Extrablatt* binden Laura und Leon ihre Ballons am Stuhl fest. Sonst tanzen sie den anderen Leuten noch vor der Nase herum.
Lauras Mama schaut in ihr Portemonnaie. „Alles leer!“, sagt sie und macht ein Gesicht wie ein trauriger Clown. „Dabei habe ich doch so viel gespart: Bei der Hirse fast einen Euro und bei Lauras neuer Jacke sogar fast 25 Euro! Und trotzdem ... alles weg.“
„Da musst du wohl zur Sparkasse gehen“, sagt Leon.

„Und was ist mit den kleinen Geschenken?“, sagt Laura plötzlich.
„Welche Geschenke?“, fragt Leon.
„Die Geschenke für meine Gäste, wenn ich Geburtstag habe.“
„Ach ja!“, sagt Mama. „Die haben wir glatt vergessen. Dabei sind wir dafür extra losgefahren.“
„Meine Mama schreibt immer alles auf“, sagt Leon. „Dann vergisst sie auch nichts.“

Und damit Lauras Mama beim nächsten Mal nicht wieder das Wichtigste vergisst, malen ihr Laura und Leon einen großen Einkaufszettel, während sie am Geldautomaten ist.

Leons Mama hat ein Auto. Da kann sie Laura, Lauras Mama und die vielen Tüten mitnehmen und vor der Haustür absetzen.
„Was macht ihr morgen?“, fragt Leon, als sie tschüs sagen.
„Wir fahren in die Stadt“, sagt Laura, „Geschenke kaufen für meine Geburtstagsgäste.“

Laura und Leon gehen zum Arzt

Den ganzen Tag schon liegt Laura im Bett. Alles tut weh. Besonders der Kopf und der Hals. Wenn sie mit Mama spricht, krächzt sie wie ein alter Rabe. Und heiß ist ihr auch. Heiß und kalt auf einmal.
Mama schaut besorgt auf das Fieberthermometer. „39,6!“, sagt sie. „Jetzt rufe ich doch besser Dr. Karsten an. Vielleicht kommt er heute noch vorbei!“
Laura macht die Augen zu. Nicht mal fernsehen will sie.
Nur ausruhen.

Es ist schon dunkel, als Dr. Karsten schellt. Er hat seinen großen Arztkoffer dabei und setzt sich zu Laura ans Bett.

„Wenn ich deine Fieberbäckchen sehe", sagt er, „dann weiß ich, dass die Körperpolizei unterwegs ist!"

Körperpolizei – das hat Laura noch nie gehört.

„Das ist so", erklärt Dr. Karsten, „wenn Bakterien den Körper ärgern, dann wehrt sich der Körper und kämpft gegen die blöden Bakterien. Da geht es heiß her, und das merkst du dann. So, und jetzt schau ich mir mal deinen Rachen an!"

Laura muss sich kurz hinsetzen und „Aaa" sagen. Damit die Zunge nicht im Weg ist, drückt Dr. Karsten sie mit einem Stäbchen herunter. „Die Mandeln sind stark vereitert", sagt er.

Dann drückt er vorsichtig auf Lauras Bauch, klopft ein paar Mal auf ihren Rücken und hört Laura mit seinem Stethoskop ab. „Die Bronchien sind verschleimt“, sagt er zu Mama. „Aber sonst nichts Auffälliges!“
Endlich kann Laura sich wieder hinlegen. Wenn man krank ist, ist selbst das Sitzen schrecklich anstrengend.

„Ich glaube, deine Körperpolizei braucht ein bisschen Verstärkung!“, sagt Dr. Karsten, nimmt seinen Rezeptblock aus dem Koffer und schreibt Medizin auf.
„Die nimmst du dann, bis das ganze Fläschchen aufgebraucht ist“, sagt er zu Laura. „Aber jetzt schläfst du dich am besten erst mal gesund. Und wenn du demnächst zur Vorsorge in die Praxis kommst, hüpfst du bestimmt schon wieder auf einem Bein!“

Zwei Wochen später ist es so weit. Lauras Mama ruft bei Leons Mama an: „Hallo, Sabine, wir haben doch heute den Termin bei Dr. Karsten. Wegen der Vorsorge. Wenn ihr wollt, könnt ihr bei uns im Auto mitfahren.“

„Gute Idee“, sagt Leons Mama, „in zwei Stunden sind wir bei euch.“

Gleich vorne in der Praxis sitzt eine Arzthelferin hinter einer Theke.

Sie schaut sich die gelben Vorsorge-Hefte an und tippt etwas in einen Computer. Zu Leon sagt sie: „Du kannst gleich hier bleiben.“ Laura und ihre Mama sollen sich ins Wartezimmer setzen. Da sind schon ein paar andere Kinder. Ein Mädchen spielt mit einer Holzeisenbahn, ein Junge blättert in einem Bilderbuch und ein dickes Baby zeigt auf Laura und juchzt: „Da, Kind!“

Inzwischen steht Leon schon fast ausgezogen auf einer Waage. Dann misst die Arzthelferin noch, wie viele Zentimeter Leon seit der letzten Untersuchung gewachsen ist und ob sein Kopf größer geworden ist.

„Meine Füße sind auch gewachsen“, sagt Leon. „Mama muss neue Schuhe für mich kaufen!“

„Aber vorher werden wir noch deinen Blutdruck messen!“, sagt die Helferin.

Im Behandlungszimmer darf Leon eine echte Piratenaugenklappe aufsetzen.

„Für den Sehtest“, sagt die Helferin. „Erst für das rechte Auge, dann für das linke.“

Sie zeigt auf eine Wandtafel mit Kreisen, Vierecken und anderen Zeichen. Mal sind die Zeichen groß, mal sind sie klitzeklein. Leon hat eine Tastatur vor sich mit denselben Zeichen. Wenn die Helferin auf einen Kreis zeigt, muss Leon die Taste mit dem Kreis drücken. Wenn die Helferin auf ein Viereck zeigt, muss er auf die Taste mit dem Viereck drücken. Und wenn Leon alles richtig gemacht hat, erklingt Musik.

„Jetzt kommt der Pilotentest“, sagt die Helferin. „Da prüfen wir, ob du so gut hören kannst wie ein Luchs.“
Leon bekommt einen Kopfhörer auf die Ohren und die Helferin legt eine CD in einen CD-Player. Sie sagt: „Wenn die Stimme im Kopfhörer gleich fragt, wo der Schmetterling ist, zeigst du mir den Schmetterling auf dieser Bildertafel. Du musst genau hinhören, denn die Stimme wird immer leiser.“
Als die Helferin das Gerät einschaltet, wundert sich Leon sehr. Da ist keine Rede von einem Schmetterling, sondern von etwas, das wie „kelebek“ klingt. Die Helferin stutzt. „Ach ja“, sagt sie lachend, „das ist ja die CD für die türkischen Kinder!“

Schließlich soll Leon noch ein Männchen malen. Das geht schnell. Kopf, Bauch, Beine, Arme! Sogar Finger malt Leon und einen Bauchnabel.

„Dr. Karsten macht gleich weiter", sagt die Helferin und verschwindet im Nebenraum.
Leon schaut sich inzwischen die Fotos an, die an den Wänden hängen. Auf einem sitzt Dr. Karsten mit drei Kindern auf dem Sofa.
„Sind das deine Kinder?", fragt Leon, als Dr. Karsten gleich darauf ins Zimmer kommt.

„Ja“, sagt er. „Und der Kleinste heißt Leon, so wie du!“
„Deine Kinder müssen nie zum Arzt!“, sagt Leon. „Die haben ja einen Doktorvater.“
Da muss Dr. Karsten lachen. Er will wissen, ob Leon auch gerne Geschwister hätte.
„Vielleicht!“, sagt Leon, „aber Rennmäuse und Freunde sind auch gut.“

Auf einmal guckt ein kleines Gesicht durch die Tür. Laura!
„Ist der Leon bald fertig?“, fragt sie.
„Ein bisschen Geduld musst du noch haben!“, sagt Dr. Karsten.
„Wenn du willst, kannst du kurz zusehen, wie Leon Seiltänzer spielt.“
Mit ausgebreiteten Armen setzt Leon einen Fuß vor den anderen.

„Und jetzt rückwärts!“, sagt Dr. Karsten. Danach soll Leon die Augen schließen und auf einem Bein stehen. Laura macht gleich mit.
„Ganz schön wackelig!“, sagt sie.

„Und jetzt spielen wir Känguru!“, sagt Dr. Karsten. „Ihr seht doch die Linie dort.“
Leon soll seitlich darüber hüpfen. „Wie beim Fußballtraining!“, sagt er.
„Oder beim Ballett!“, sagt Laura.

Beim nächsten Spiel muss Laura wieder zurück ins Wartezimmer.
„Sonst kennst du ja alles, wenn du gleich dran bist“, sagt Dr. Karsten.

Leon soll nun zählen. „1, 2, 3, 4, 5, 6, 7, 8, 9, 10, 11, 12 ...“, rattert er gleich los.

„Toll!“, sagt Dr. Karsten.

„Und jetzt sprichst du mir einfach alles nach! 3 – 5 – 8.“

„3 – 5 – 8“, sagt Leon.

„7 – 9 – 10“, sagt Dr. Karsten.

„7 – 9 – 10“, sagt Leon.

„Tante Ruth putzt ihren Hut“, sagt Dr. Karsten.

„Tante Ruth putzt ihren Hut“, sagt Leon.

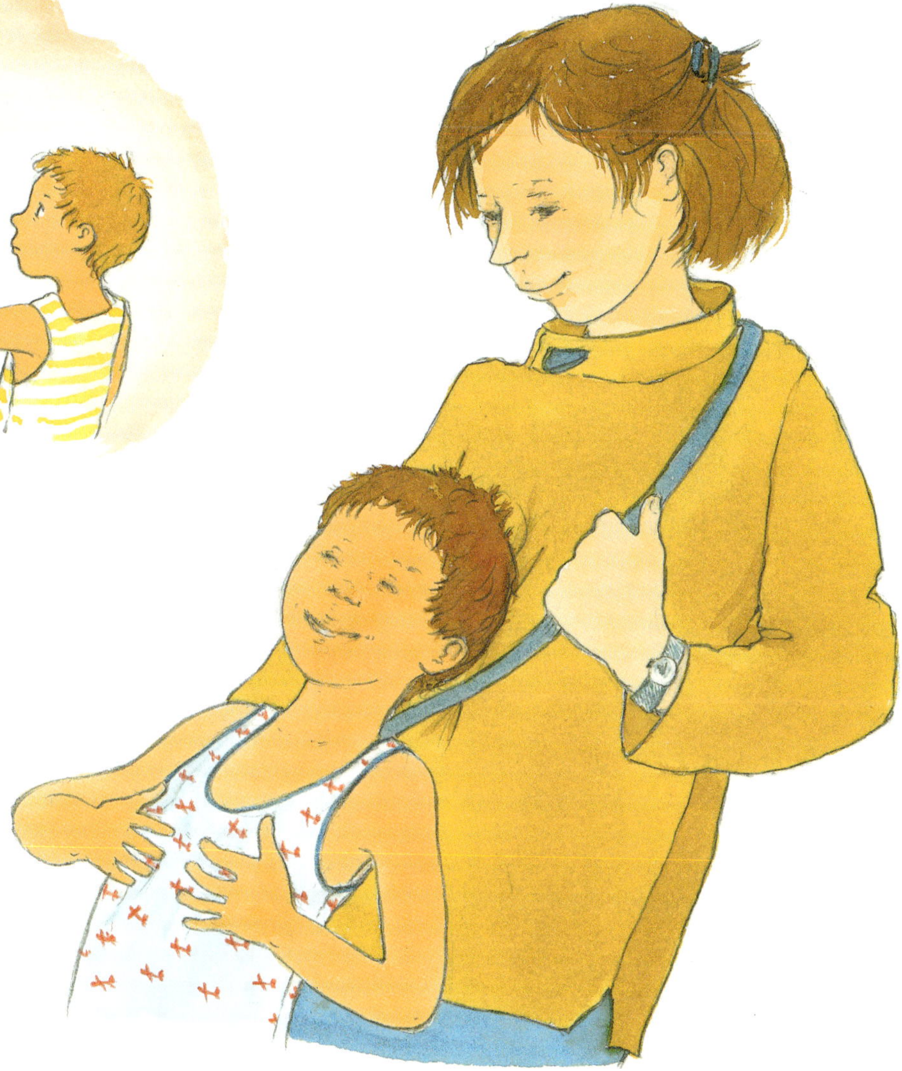

„Die Oma isst den Blumenstrauß“, sagt Dr. Karsten.

„Die Oma frisst den Blumenstrauß“, sagt Leon und hält sich vor Lachen den Bauch.

Und Mama macht ein zufriedenes Gesicht.

Nach den vielen Spielen untersucht Dr. Karsten Leon noch von Kopf bis Fuß. Er leuchtet in die Ohren, schaut sich Leons Zähne an, horcht ihn ab und untersucht seine Wirbelsäule.

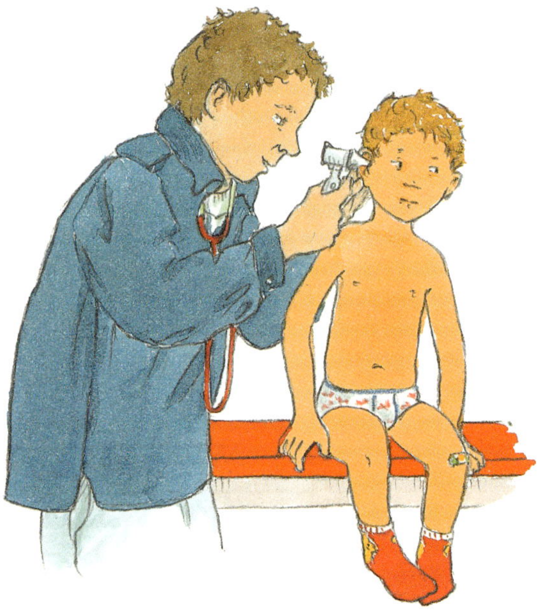

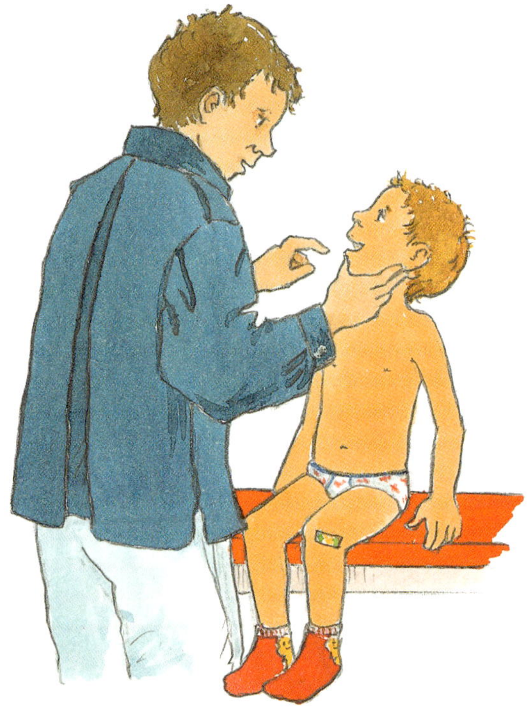

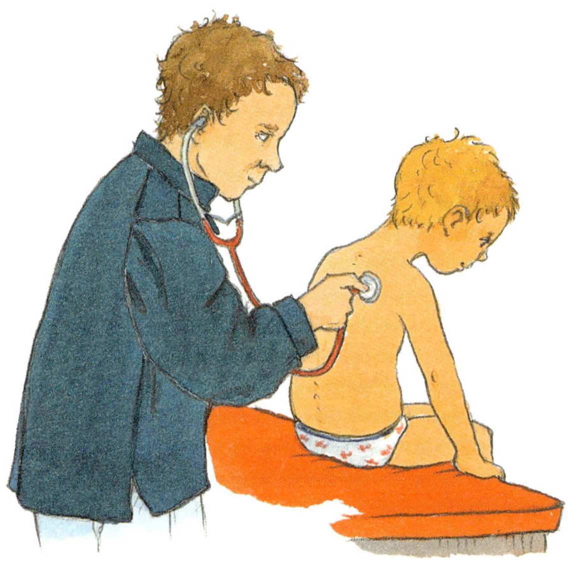

Und zum Schluss schenkt ihm die Helferin noch eine Löwenmaske.
Die will Leon gleich Laura zeigen.

Aber wo ist Laura? Im Wartezimmer sitzt nur Lauras Mama.
Und neben ihr – ein kleines Walross!

Laura und Leon auf dem Bauernhof

Leon und Laura dürfen Leons Mama oft beim Einkaufen helfen. Heute fährt Mama aber nicht zum Supermarkt, sondern zu einem ganz besonderen Laden. Er heißt „Kraut und Rüben“ und gehört zu einem richtigen Bauernhof. Während Mama an der Brottheke wartet, bis sie an der Reihe ist, holt Laura zwei Flaschen Milch aus dem Kühlregal und Leon soll zehn Eier in den Korb legen.

„Vorsichtig, junger Mann“, sagt Herr Kathöfer, „sonst hast du gleich Rührei!“ Er reicht Leon ein Ei nach dem anderen. „Jetzt muss Hermine ganz schnell neue Eier legen!“ – „Hermine?“, fragt Leon, „heißt euer Huhn so?“ – „Mein Lieblingshuhn heißt so“, sagt Herr Kathöfer. „Aber wir haben noch viel mehr Hühner. Wenn ihr wollt, zeige ich euch mal den Hof.“ Laura und Leon sind sofort einverstanden. Und Mama kann sich mit dem Einkaufen Zeit lassen.

Das Hühnerhaus sieht aus wie ein richtiges kleines Häuschen. Es hat sogar einen Garten, in dem die Hühner spazieren gehen können und Körner vom Boden picken. Laura schaut durch ein Fenster in das Häuschen hinein.

„Guck mal, Leon“, ruft sie, „da sitzen ganz viele auf einer Stange!“ Hermine ist nicht dabei. „Sie brütet gerade“, sagt Herr Kathöfer. „Dann legt sie keine Eier mehr, sondern sitzt auf ihrem Gelege. Bestimmt drei Wochen lang, bis die Küken geschlüpft sind.“

Auf dem Weg zum Schweinestall kommen aufgeregt Enten und Gänse angeschnattert. „Sie wissen, dass ich manchmal trockene Brotrinden mitbringe“, sagt Herr Kathöfer. „Aber jetzt habe ich leider nichts dabei.“

„Müssen die Enten und Gänse dann ohne Abendbrot schlafen gehen?“, fragt Laura besorgt.

„Aber nein!“, sagt Herr Kathöfer. „Sie finden genug Würmer und Schnecken. Und die Entengrütze auf dem Teich ist ja auch noch da. Fertigfutter gibt es natürlich auch.“

Leon ist schon weitergelaufen. Er steht vor einer Kuhle und schaut zwei Schweinen zu, die sich im Schlamm suhlen. „Das sind Fix und Foxi“, sagt Herr Kathöfer. „Kriegt ihr da nicht Lust, auch ein bisschen herumzumatschen?“ Laura schüttelt den Kopf und hält sich die Nase zu. Und Leon sagt: „Wenn Mama aus dem Garten kommt, ist sie auch immer so dreckig!“ Da erklärt ihnen Herr Kathöfer, dass sich Schweine nur suhlen, um sich hinterher schön sauber zu machen. „Sie lassen den Schlamm antrocknen und reiben ihn dann mit all dem anderen Dreck einfach an einem Baumstamm ab. Oder an einem Pfahl. Schweine achten sehr auf Sauberkeit!“, sagt er.

„So und jetzt zeige ich euch die Kaninchen!“ Leon staunt: „Die sind ja groß! Viel größer als in der Zoohandlung!“ Laura hockt vor einem Stall mit einem schokoladenbraunen Jungtier.

Neugierig schnuppert es am Maschendraht. Laura rupft sofort ein paar Löwenzahnblätter aus. „Darf ich es füttern?“, fragt sie. „Na klar!“, sagt Herr Kathöfer, „und streicheln darfst du es auch.“

Gleich nebenan ist der Kuhstall. Durch ein paar kleine Fenster fällt die Abendsonne herein. Es riecht nach Tier und überall summen dicke grüne Brummer herum. Wenn sie sich auf eine Kuh setzen, kitzelt das. Dann schlägt die Kuh so lange mit ihrem Schwanz, bis die Brummer endlich verschwunden sind.
„Jetzt im Sommer grasen die Kühe auf der Weide“, sagt Herr Kathöfer. „Nur zum Melken werden sie in den Stall getrieben. Die Milch fließt in einen Kühltank, dann kommt ein großer Tankwagen und bringt sie in die Molkerei. Dort wird sie gereinigt und in Flaschen gefüllt. Oder zu Jogurt und Quark verarbeitet. Und das könnt ihr dann alles bei mir kaufen.“

Gleich hinter dem Kuhstall liegt der Garten. „Die Äpfel sind schon reif“, sagt Herr Kathöfer und pflückt sich einen. Aber Leon findet das Baumhaus viel interessanter. Da kann man sich wunderbar verstecken oder Tarzan spielen!

„Warum hat denn noch keiner die Tomaten ausgepackt!“, fragt Laura erstaunt. Herr Kathöfer muss lachen. „Die Tomaten habe ich extra in Plastikfolie gewickelt. Dann reifen sie schneller!“

„Da sind ja auch zwei Pferde“, ruft Laura plötzlich und möchte am liebsten sofort ausreiten. Aber die Pferde gehören Herrn Kathöfer gar nicht. „Sie wohnen hier nur zu Miete“, erklärt er der enttäuschten Laura. „Wenn du mal ein Pferd hast, das nicht in dein Kinderzimmer passt, kannst du es zu mir bringen und eine Box im Stall mieten. Oder du bringst es gleich zu Pippi Langstrumpf. Das geht natürlich auch.“

„Und die Pferde dahinten“, fragt Laura, „da wo die Kinder reiten, wohnen die auch hier?“ „Nein,“ sagt Herr Kathöfer. „Die gehören zum Reiterhof, nicht weit von hier. Da kannst du reiten lernen und wie du mit den Tieren umgehen musst, damit sie dich nicht gleich abwerfen.“

„Schafe und Ziegen haben wir auch“, sagt Herr Kathöfer.
„Wie im Streichelzoo“, sagt Laura.
„Aua!“, ruft Leon plötzlich. „Die will meinen Pullover fressen, die blöde Ziege!“
„Das kann gut sein“, sagt Herr Kathöfer schmunzelnd.
„Ziegen sind frech und neugierig. Wenn du nicht angeknabbert werden willst, müssen wir wohl so einen Schutzzaun um dich bauen wie um die Apfelbäume!“
Da bleibt Leon lieber nur kurz auf der Weide. Für heute hat er genug von Schafen und Ziegen.

„Wohnt da ein Elefant oder eine Giraffe?“, fragt Leon, als sie an der Scheune vorbeikommen. Herr Kathöfer muss lachen. „Nein“, sagt er und schiebt das riesige Tor zur Seite. „Das ist die Garage für unsere Landmaschinen.“ Neben dem riesigen Mähdrescher sehen Leon und Laura aus wie zwei kleine Feldmäuse.

„Der Mähdrescher hilft bei der Getreideernte“, erklärt Herr Kathöfer. „Und das da, das ist die Rundballenpresse. Sie sammelt Stroh und spuckt es als schöne runde Ballen wieder aus.“

„Und was macht die Monstermaschine da auf dem Acker?“, fragt Laura. „Die buddelt Kartoffeln aus der Erde, sortiert sie …“

„… und spuckt sie als Pommes wieder aus!“, ruft Leon dazwischen.

„Leider nicht“, sagt Herr Kathöfer. „Dann musst du eben so eine Maschine erfinden!“, sagt Leon. „Das muss ich wohl“, sagt Herr Kathöfer, „aber vorher suchen wir erst mal deine Mutter.“

„Kann ich eine Pflanze mitnehmen?", fragt Laura.
„Von mir aus gern", sagt Herr Kathöfer.
„Guck mal, Leon", sagt Laura und schüttelt die Erde ab. „Wie viele kleine Kartoffeln da dranhängen!" – „Das reicht bestimmt für drei Teller Bratkartoffeln!", sagt Leon.

Mama wartet schon am Auto. Sie hält eine junge graue Katze auf dem Arm und krault sie zärtlich am Bauch. Mama sieht so aus, als wolle sie das winzige Fellknäuel nie mehr hergeben. „Nehmen Sie sie mit!“, sagt Herr Kathöfer. „Den ganzen Wurf von Minka kann ich sowieso nicht behalten.“ Da strahlt Mama über das ganze Gesicht.

Laura und Leon kommen in die Schule

Laura freut sich. Nur noch 23 Tage, dann darf sie endlich in die Schule gehen. Im Kindergarten hat sie schon eine Schultüte gebastelt. Mit kleinen Marienkäfern drauf. Leon hat seine Schultüte mit bunten Luftballons beklebt.

Jetzt ist die Schultüte in Mamas Schlafzimmerschrank und wird erst wieder rausgeholt, wenn der erste Schultag da ist. Eine Schultasche hat Laura auch schon. Mit Ponymuster. Und ein passendes Etui voller Buntstifte und einen roten Turnbeutel. Den hat Mama selbst gemacht.

„Laura“, ruft sie auf einmal, „da ist ein Brief für dich angekommen. Von deiner Lehrerin.“ – „Liebe Laura“, steht da. Jetzt muss Mama vorlesen: „Sicher wartest du schon gespannt auf deinen ersten Schultag. Wir, von der Martinsschule, freuen uns schon auf dich. Du gehörst zur Pinguin-Klasse.“ Dann steht da noch, um wie viel Uhr die Schule losgeht und was Laura alles mitbringen muss:

Schnellhefter, Bleistifte, Buntstifte, Malkasten und Pinsel, Hefte, ein Platzdeckchen für das Frühstück, Lineal, Anspitzer und einen Radiergummi. Laura ruft sofort Leon an. Sie will wissen, ob er auch so einen Brief von der Lehrerin bekommen hat. „Ja", sagt Leon durch das Telefon. „Ich bin in der Pinguin-Klasse." Da freut sich Laura. Und Leon auch.

Am nächsten Tag machen sie gleich einen Spaziergang zur Martinsschule. Mit Leons Mama. Leon und Laura möchten am liebsten schon mal in die neue Schule reinschnuppern. Aber es sind ja noch Sommerferien. Der Schulhof liegt wie leer gefegt da. Nur der Hausmeister macht gerade einen Rundgang. „Hallo“, ruft Leons Mama freundlich und fuchtelt so lange mit den Armen herum, bis der Hausmeister sie bemerkt hat. „Ich habe eine Bitte“, sagt sie, „die Kinder würden zu gern mal einen Blick in die Schule werfen . . . !“

Der Hausmeister ist sehr nett. Er heißt Herr Hölz und hat einen riesigen Schlüsselbund. Laura und Leon dürfen in zwei Klassen schauen und sogar ins Lehrerzimmer. „Ich glaube, die Lehrer müssen erst mal ein bisschen aufräumen, wenn sie wiederkommen“, sagt Laura.

Und Herr Hölz sagt: „Verratet bloß nicht, dass ich euch hier reingelassen habe!“ – „Wir petzen nicht!“, sagt Leon. „Großes Ehrenwort!“

Endlich ist es so weit. Laura und Leon gehen zu Fuß zur Schule.
Mit ihren Eltern. Die Omas und Opas können heute auch mitkommen.

Auf dem Schulhof wimmelt es von Erstklässlern mit Schultüten. Laura möchte am liebsten sofort in ihre Klasse gehen und sich einen Platz aussuchen. Ganz vorne bei der Lehrerin. Und Leon soll neben ihr sitzen! Aber so schnell geht das nicht.

Erst versammeln sich alle Erstklässler mit ihren Eltern im Innenhof der Schule. Dort führen Kinder aus der vierten Klasse ein Theaterstück auf. Ein kleiner Löwe sucht einen Freund und wandert dabei bis zum Nordpol. Alle klatschen Beifall.

Dann ruft eine Lehrerin die Kinder auf, die zur Pinguin-Klasse gehören. Endlich ist Laura an der Reihe. Die Lehrerin hängt ihr einen Pinguin um den Hals. Am Ende stellen sich alle Pinguine auf und gehen gemeinsam in das Schulgebäude. Eltern, Omas und Opas und die Schultüten müssen draußen bleiben.

Auf dem Flur stehen Schaukästen mit Riesenkäfern und Riesenblumen aus Pappmachee. „Die sind von der dritten Klasse“, sagt die Lehrerin. Sie sieht freundlich aus. Gar nicht wie ein Käfer. Vor einer Tür mit Pinguinbild bleibt sie stehen. „Das ist unsere Klasse!“, sagt sie.

Als alle Kinder einen Platz gefunden haben, erzählt die Lehrerin, dass sie auch Kinder hat und einen Hund. „Mein Hund heißt Tom“, ruft ein Junge von hinten. „Und mein Wellensittich Fränzchen!“, sagt das Mädchen neben Laura. Aber die Lehrerin will lieber wissen, wie die Kinder heißen. Der Reihe nach muss jedes Kind seinen Namen sagen und den Nachbarn nach dem Namen fragen.

Die Lehrerin fängt an. „Ich heiße Frau Vatter und wie heißt du?“
Jetzt ist Leon dran: „Ich heiße Leon und wie heißt du?“ Frau Vatter hat für jedes Kind einen kleinen Aufkleber vorbereitet.
Sie drückt Leon sein Namensschild auf den Handrücken. Bald haben alle Kinder einen Aufkleber.

„Muss der jetzt immer da draufbleiben?“, fragt ein Junge, der Stefan heißt. „Nein“, sagt Frau Vatter. „Ihr sollt jetzt jeder euren Nachbarn oder eure Nachbarin malen und dann klebt ihr das richtige Namensschild auf das Bild.“ Laura holt sofort ihr Pony-Etui aus der Schultasche. Die Buntstifte riechen so gut!

Sie muss erst mal daran schnuppern. Der Leon, den sie malt, sieht irgendwie gar nicht nach Leon aus. Bis auf die Haare. Da kann sie ihm auch noch ein paar Pinguin-Flügel dranmalen. Und viel zu große rote Schuhe. Dafür malt Leon seine Laura mit grünen Haaren und rosa Sommersprossen.

Als Frau Vatter die Bilder einsammelt, muss sie lachen: „Ich glaube, ich habe auch ein paar Monster in meiner Klasse!“, sagt sie und dann hängt sie die Bilder an die kahle weiße Wand neben die Tür. Alle Kinder bekommen einen Stundenplan und ein Blatt, auf dem eine Schultüte gezeichnet ist. „Die ist ja ganz leer!“, ruft Leon. „Ja“, sagt Frau Vatter, „und damit das nicht so bleibt, malt ihr das hinein, was ihr in euer Schultüte gefunden habt!

So, und jetzt dürft ihr noch den Spielplatz ausprobieren. Da könnt ihr euch dann in den Pausen vom Rechnen und Schreiben erholen.“
Die Kinder rennen auf den Schulhof. Sie haben zwar am ersten Tag nur gemalt, doch Toben macht immer Spaß! Erst recht, wenn Frau Vatter jedem Kind einen Apfel aus ihrem Garten schenkt.

Auf dem Nachhauseweg lassen Leon und Laura ihre Pinguine übermütig durch die Luft sausen. So freuen sie sich endlich Schulkinder zu sein. Und Leon sagt: „Ich weiß schon, was ich nicht in meine Schultüte male. Einen Tukan. Der passt nicht rein. Der hat ja einen viel zu großen Schnabel."